HÄDECKE

ORATHAY SOUKSISAVANH
FOTOS: DAVID JAPY

SOUFFLÉS

UNWIDERSTEHLICHE REZEPTE – SÜß UND PIKANT

INHALT

TIPPS UND TRICKS: SO GELINGT DAS SOUFFLÉ

WIE GEHT EIN SOUFFLÉ AUF?
Beim Backen verdunstet das in den Zutaten der Soufflémasse enthaltene Wasser, wodurch sich diese ausdehnt und aufgeht. Die entstehende Kruste verhindert, dass die Luftblasen aus dem Teig entweichen, ähnlich wie beim Heißluftballon, wo die Hülle die Luft umschließt. Das Soufflé wird am besten mit Umluft gebacken, damit die Hitze gleichmäßig bleibt. Süße Soufflés gelingen auch bei der Zubereitung in einem Backofen mit Ober- und Unterhitze. Lediglich bei den pikanten Soufflés ist zu beachten, dass sich die Backzeit dann etwas verlängert. Falls die Kruste dabei zu dunkel werden sollte, die Temperatur reduzieren. Hinweis: Beim Bestreuen des Soufflés (zum Beispiel mit Käse, Semmelbröseln oder Zucker) muss der Rand der Form sauber bleiben, damit sich eine schöne Kruste bilden kann.

EISCHNEE Die in den Rezepten verwendeten Eier sind alle Größe M (mittelgroß) und Güteklasse A. Raumtemperatur ist dabei für das Eiweiß ideal und es muss frei von Eigelb- und Fettspuren sein. Der Eischnee hat dann die richtige Konsistenz, wenn er glänzt und man mit dem Schneebesen „Spuren in den Schnee" ziehen kann. Er sollte steif, aber noch weich und nicht körnig sein. Hinweis: Durch die Zugabe von Säure wird Eischnee noch stabiler. ½ Teelöffel reiner Weinstein (erhältlich in Apotheken, im Fachhandel oder im Internet) oder ein paar Spritzer Zitronensaft, vor dem Schlagen zum Eiweiß gegeben, machen den Eischnee besonders fest und luftig. Wenn man aber das Eiweiß richtig steifschlägt, bis der Eischnee Spitzen bildet, muss nicht unbedingt Säure hinzugefügt werden.

BACKEN Das Soufflé ist fertig, sobald die Oberfläche gebräunt und es in der Mitte cremig, aber nicht mehr flüssig ist. Die Backprobe kann erst nach 20 bis 30 Minuten gemacht werden (die Oberfläche darf dabei nicht beschädigt werden, sonst fällt das Soufflé in sich zusammen). Dafür öffnet man den Ofen und fühlt vorsichtig, ob die Ränder schon fest sind und die Mitte noch weich ist. Die Backzeit für Soufflés in kleinen Förmchen beträgt zehn bis zwölf Minuten. **Die Temperaturangaben in diesem Buch beziehen sich auf das Backen auf mittlerer Schiene mit Umluft.**

SOUFFLÉFORM Am besten verwendet man runde Porzellanformen mit einem hohen, geraden Rand, weil darin die Soufflés gleichmäßig aufgehen können. Auch Formen aus feuerfestem Glas oder Keramik sind geeignet. Zunächst fettet man den Boden und dann die Innenwände der Form mit weicher Butter ein. Anschließend wird beides mit Mehl bestäubt (oder für süße Soufflés mit Zucker), dann dreht man die Form um und klopft überschüssiges Mehl ab. Die Formen werden kühlgestellt und dürfen innen nicht mehr berührt werden, weil jede Verunreinigung dazu führt, dass das Soufflé nicht gleichmäßig aufgeht.

BASIS HERZHAFTES SOUFFLÉ

Béchamel-Basis: Béchamelsauce + Eigelb + Eischnee

Püree-Basis: Püree + Eigelb + Eischnee

BASIS SÜßES SOUFFLÉ

Creme-Basis: Konditorcreme + Eischnee

Fruchtpüree-Basis: Fruchtpüree (oder Kompott oder gezuckertes Eigelb) + Eischnee

Geeistes Soufflé: falsches Soufflé aus einer gefrorenen Mousse in Souffléformen

für 4–6 Portionen | Zubereitung: 25 Min. | Backen: 35 Min. | 1 Souffléform (17 cm Ø)

KÄSESOUFFLÉ

70 g Butter, in kleine Stücke geschnitten
60 g Mehl
250 ml Milch
150 g herzhafter Käse, frisch gerieben (Comté, Bergkäse oder Greyerzer)
1 TL Salz
schwarzer Pfeffer, frisch gemahlen
Muskatnuss, frisch gerieben
5 Eier, zimmerwarm

FÜR DIE FORM

30 g weiche Butter
25 g Mehl

1. Den Backofen auf 210 °C vorheizen. Eine Souffléform wie auf Seite 4 beschrieben vorbereiten und kühlstellen.
2. Für die Béchamelsauce Butter in einem Topf mit schwerem Boden schmelzen. Mehl hinzufügen und zwei Minuten anschwitzen, ohne dass die Masse Farbe annimmt. Dabei ständig mit einem Schneebesen rühren. Milch nach und nach hinzugießen und kräftig rühren, damit keine Klümpchen entstehen. Topf vom Herd nehmen, sobald die Sauce dicklich wird und zu kochen beginnt. Geriebenen Käse hinzufügen und die Sauce mit Salz, Pfeffer und Muskat abschmecken.
3. Eier trennen, Eigelbe nach und nach unter die lauwarm abgekühlte Sauce rühren. Nach Belieben nachwürzen.
4. Eiweiß steifschlagen. Etwa ein Drittel davon mit einem Schneebesen unter die Béchamelsauce ziehen und diese dadurch auflockern. Anschließend den restlichen Eischnee vorsichtig mit einem Spatel unterheben. Souffléform bis zu drei Vierteln mit der Masse befüllen und etwa 35 Minuten auf der mittleren Schiene backen. Nach fünf Minuten Backzeit die Temperatur auf 180 °C reduzieren.

KRUSTE

Für eine knusprige Kruste und eine gleichmäßige Oberfläche beim Zubereiten des Teigs etwas Käse zurückbehalten und das Soufflé vor dem Backen damit bestreuen. Dabei darauf achten, dass die Ränder der Souffléform sauber bleiben. 35 Minuten auf der mittleren Schiene bei 180 °C backen.

für 4–6 Portionen Zubereitung: 25 Min. Backen: 35 Min. 1 Souffléform (17 cm ∅)

SCHINKEN-KÄSE-SOUFFLÉ

70 g Butter, in kleine Stücke geschnitten
60 g Mehl
300 ml Milch
120 g Emmentaler, frisch gerieben (alternativ Comté oder Greyerzer)
1 TL Salz
schwarzer Pfeffer, frisch gemahlen
Muskatnuss, frisch gerieben
5 Eier, zimmerwarm
3 Scheiben gekochter Schinken, klein gewürfelt

FÜR DIE FORM

30 g weiche Butter
25 g Mehl

1. Den Backofen auf 210 °C vorheizen. Eine Souffléform wie auf Seite 4 beschrieben vorbereiten und kühlstellen.
2. Für die Béchamelsauce Butter in einem Topf mit schwerem Boden schmelzen. Mehl hinzufügen und zwei Minuten anschwitzen, ohne dass die Masse Farbe annimmt. Dabei ständig mit einem Schneebesen rühren. Milch nach und nach hinzugießen und kräftig rühren, damit keine Klümpchen entstehen. Topf vom Herd nehmen, sobald die Sauce dicklich wird und zu kochen beginnt. Geriebenen Käse hinzufügen und die Sauce mit Salz, Pfeffer und Muskat abschmecken.
3. Eier trennen, Eigelbe nach und nach unter die lauwarm abgekühlte Sauce rühren. Anschließend Schinkenwürfel hinzufügen und nach Belieben nachwürzen.
4. Eiweiß steif schlagen. Ein Drittel davon mit einem Schneebesen locker unter die Béchamelsauce ziehen. Den restlichen Eischnee vorsichtig mit einem Spatel unterheben. Souffléform bis zu drei Vierteln mit der Masse befüllen und ungefähr 35 Minuten auf der mittleren Schiene backen. Nach fünf Minuten Backzeit die Temperatur auf 180 °C reduzieren.

KRUSTE

Für eine knusprige Kruste beim Zubereiten des Teigs etwas Schinken und Käse zurückbehalten und vor dem Backen das Soufflé damit bestreuen. Dabei darauf achten, dass die Ränder der Souffléform sauber bleiben. 35 Minuten auf der mittleren Schiene bei 180 °C backen.

für 4–6 Portionen · Zubereitung: 25 Min. · Backen: 35 Min. · 1 Souffléform (17 cm ∅)

DREIKÄSEHOCH

70 g Butter, in kleine Stücke geschnitten
60 g Mehl
250 ml Milch
30 g Parmesan, frisch gerieben
60 g Comté, frisch gerieben
schwarzer Pfeffer, frisch gemahlen
Muskatnuss, frisch gerieben
5 Eier, zimmerwarm
80 g Roquefort, zerkleinert
Salz

FÜR DIE FORM

30 g weiche Butter
25 g Mehl

1. Den Backofen auf 210 °C vorheizen. Eine Souffléform wie auf Seite 4 beschrieben vorbereiten und kühlstellen.
2. Für die Béchamelsauce Butter in einem Topf mit schwerem Boden schmelzen. Mehl hinzufügen und zwei Minuten anschwitzen, ohne dass die Masse Farbe annimmt. Dabei ständig mit einem Schneebesen rühren. Milch nach und nach hinzugießen und kräftig rühren, damit keine Klümpchen entstehen. Topf vom Herd nehmen, sobald die Sauce dicklich wird und zu kochen beginnt. Parmesan und Comté hinzufügen und die Sauce mit wenig Pfeffer und Muskat würzen.
3. Eier trennen, Eigelbe nach und nach unter die lauwarm abgekühlte Sauce rühren. Roquefort hinzufügen, mit Salz abschmecken, bei Bedarf nachwürzen.
4. Eiweiß steif schlagen. Ein Drittel davon mit einem Schneebesen locker unter die Béchamelsauce ziehen. Den restlichen Eischnee vorsichtig mit einem Spatel unterheben. Souffléform bis zu drei Vierteln mit der Masse befüllen und ungefähr 35 Minuten auf der mittleren Schiene backen. Nach fünf Minuten Backzeit die Temperatur auf 180 °C reduzieren.

KRUSTE

Für eine knusprige Kruste beim Zubereiten des Teiges von jeder Käsesorte etwas zurückbehalten und vor dem Backen das Soufflé damit bestreuen. Dabei darauf achten, dass die Ränder der Souffléform sauber bleiben. 35 Minuten auf der mittleren Schiene bei 180 °C backen.

für 4–6 Portionen   Zubereitung: 25 Min.   Backen: 35 Min.   1 Souffléform (17 cm Ø)

SOUFFLÉ MIT KREUZKÜMMELGOUDA

70 g Butter, in kleine Stücke geschnitten
60 g Mehl
250 ml Milch
220 g Kreuzkümmelgouda (Leidsekaas), frisch gerieben
1 EL Kümmel
1 TL Salz
schwarzer Pfeffer, frisch gemahlen
Muskatnuss, frisch gerieben
5 Eier, zimmerwarm

FÜR DIE FORM

30 g weiche Butter
25 g Mehl

1. Den Backofen auf 210 °C vorheizen. Eine Souffléform wie auf Seite 4 beschrieben vorbereiten und kühlstellen.
2. Für die Béchamelsauce Butter in einem Topf mit schwerem Boden schmelzen. Mehl hinzufügen und zwei Minuten anschwitzen, ohne dass die Masse Farbe annimmt. Dabei ständig mit einem Schneebesen rühren. Milch nach und nach dazugießen und kräftig rühren, damit keine Klümpchen entstehen. Topf vom Herd nehmen, sobald die Sauce dicklich wird und zu kochen beginnt. 200 g vom Gouda und den Kümmel hinzufügen, die Sauce mit Salz, Pfeffer und Muskat abschmecken.
3. Eier trennen, Eigelbe nach und nach unter die lauwarm abgekühlte Sauce rühren. Nach Belieben nachwürzen.
4. Eiweiß steifschlagen. Etwa ein Drittel davon mit einem Schneebesen unter die Béchamelsauce ziehen und diese dadurch auflockern. Anschließend den restlichen Eischnee vorsichtig mit einem Spatel unterheben. Souffléform bis zu drei Vierteln mit der Masse befüllen und etwa 35 Minuten auf der mittleren Schiene backen. Nach fünf Minuten Backzeit die Temperatur auf 180 °C reduzieren.
5. Nach dem Backen das Soufflé mit dem restlichen Gouda bestreuen.

für 4–6 Portionen · Zubereitung: 25 Min. · Backen: 35 Min. · 1 Souffléform (17 cm ∅)

ZIEGENKÄSESOUFFLÉ MIT CRANBERRYS

70 g Butter, in kleine Stücke geschnitten
60 g Mehl
250 ml Milch
150 g Ziegenkäserolle
60 g Cranberrys
1 TL Salz
schwarzer Pfeffer, frisch gemahlen
5 Eier, zimmerwarm

FÜR DIE FORM

30 g weiche Butter
25 g Mehl

1. Den Backofen auf 210 °C vorheizen. Eine Souffléform wie auf Seite 4 beschrieben vorbereiten und kühlstellen.

2. Für die Béchamelsauce Butter in einem Topf mit schwerem Boden schmelzen. Mehl hinzufügen und zwei Minuten anschwitzen, ohne dass die Masse Farbe annimmt. Dabei ständig mit einem Schneebesen rühren. Milch nach und nach dazugießen und kräftig rühren, damit keine Klümpchen entstehen. Topf vom Herd nehmen, sobald die Sauce dicklich wird und zu kochen beginnt. 100 g Ziegenkäse in kleine Stücke schneiden und mit der Hälfte der Cranberrys hinzufügen, die Sauce mit Salz und Pfeffer abschmecken.

3. Eier trennen, Eigelbe nach und nach unter die lauwarm abgekühlte Sauce rühren. Nach Belieben nachwürzen.

4. Eiweiß steifschlagen. Etwa ein Drittel davon mit einem Schneebesen unter die Béchamelsauce ziehen und diese dadurch auflockern. Anschließend den restlichen Eischnee vorsichtig mit einem Spatel unterheben. Souffléform bis zu drei Vierteln mit der Masse befüllen. Restlichen Ziegenkäse in dünne Scheiben schneiden und auf das Soufflé legen. Übrige Cranberrys darüberstreuen, dabei darauf achten, dass der Rand der Form sauber bleibt. 35 Minuten auf der mittleren Schiene backen, nach fünf Minuten die Temperatur auf 180 °C reduzieren.

für 4–6 Portionen | Zubereitung: 25 Min. | Backen: 35 Min. | 1 Souffléform (17 cm ∅)

CHEDDAR-SENF-SOUFFLÉ MIT LAUCHZWIEBELN

70 g Butter, in kleine Stücke geschnitten
60 g Mehl
250 ml Milch
1 Bund Lauchzwiebeln
150 g Cheddar, frisch gerieben
1 geh. EL Senf oder Senfsaat, gemahlen*
1 TL Salz
schwarzer Pfeffer, frisch gemahlen
5 Eier, zimmerwarm

FÜR DIE FORM

30 g weiche Butter
25 g Mehl

** Es gibt dunkle und helle Senfsaat, die dunkle ist etwas schärfer. Wer Senf selbst herstellen möchte, rührt je nach Geschmack fein oder weniger fein gemahlene Senfsaat einfach mit etwas Wasser an und gibt nach Geschmack noch Salz, Honig, Essig und Gewürze dazu.*

1. Den Backofen auf 210 °C vorheizen. Eine Souffléform wie auf Seite 4 beschrieben vorbereiten und kühlstellen.
2. Für die Béchamelsauce Butter in einem Topf mit schwerem Boden schmelzen. Mehl hinzufügen und zwei Minuten anschwitzen, ohne dass die Masse Farbe annimmt. Dabei ständig mit einem Schneebesen rühren. Milch nach und nach dazugießen und kräftig rühren, damit keine Klümpchen entstehen. Topf vom Herd nehmen, sobald die Sauce dicklich wird und zu kochen beginnt. Lauchzwiebeln in dünne Ringe schneiden, ein bis zwei Teelöffel davon beiseitestellen. Zwiebelringe mit 130 g Cheddar und Senf zur Sauce geben, mit Salz und Pfeffer abschmecken.
3. Eier trennen, Eigelbe nach und nach unter die lauwarm abgekühlte Sauce rühren. Nach Belieben nachwürzen.
4. Eiweiß steifschlagen. Etwa ein Drittel davon mit einem Schneebesen unter die Béchamelsauce ziehen und diese dadurch auflockern. Anschließend den restlichen Eischnee vorsichtig mit einem Spatel unterheben. Souffléform bis zu drei Vierteln mit der Masse befüllen und ungefähr 35 Minuten auf der mittleren Schiene backen. Nach fünf Minuten Backzeit die Temperatur auf 180 °C reduzieren.
5. Nach dem Backen das Soufflé mit 20 g geriebenem Cheddar und den übrigen Lauchzwiebeln bestreuen.

Estd 1814
Colman's
Mustard
Colman's

für 4–6 Portionen · Zubereitung: 25 Min. · Backen: 35 Min. · 1 Souffléform (19 cm ∅)

QUARK-SCHNITTLAUCH-SOUFFLÉ

5 Eier, zimmerwarm + 3 Eiweiß
1 Bund Schnittlauch
400 g Quark
15 g Speisestärke
70 g Parmesan, frisch gerieben
1 TL Salz
schwarzer Pfeffer, frisch gemahlen

FÜR DIE FORM

35 g weiche Butter
30 g Mehl

1. Den Backofen auf 210 °C vorheizen. Eine Souffléform wie auf Seite 4 beschrieben vorbereiten und kühlstellen.
2. Eier trennen, Schnittlauch in Röllchen schneiden und ein bis zwei Teelöffel davon beiseitestellen. Quark mit Eigelben, Speisestärke, 50 g Parmesan und Schnittlauch verrühren. Nach Belieben mit Salz und Pfeffer würzen.
3. Eiweiß steifschlagen. Etwa ein Drittel davon mit einem Schneebesen unter die Quarkmasse ziehen und diese dadurch auflockern. Anschließend den restlichen Eischnee vorsichtig mit einem Spatel unterheben. Souffléform bis zu drei Vierteln mit der Masse befüllen und ungefähr 35 Minuten auf der mittleren Schiene backen. Nach fünf Minuten Backzeit die Temperatur auf 180 °C reduzieren.
4. Nach dem Backen das Soufflé mit dem restlichen Parmesan und den übrigen Schnittlauchröllchen bestreuen.

für 12 Portionen | Zubereitung: 25 Min. | Backen: 10 Min. | 12 Soufflléförmchen (8 cm ∅)

ÜBERRASCHUNGSEI MIT BACON

4 Scheiben Bacon
70 g Butter, in kleine Stücke geschnitten
60 g Mehl
250 ml Milch
120 g Cheddar, frisch gerieben
1 TL Salz
schwarzer Pfeffer, frisch gemahlen
Muskatnuss, frisch gerieben
5 Eier, zimmerwarm
12 Eigelbe

FÜR DIE FÖRMCHEN

40 g weiche Butter
40 g Mehl

1. Den Backofen auf 210 °C vorheizen. Soufflléförmchen wie auf Seite 4 beschrieben vorbereiten und kühlstellen.
2. Baconscheiben so klein schneiden, dass sie in die Förmchen passen, ohne deren Ränder zu berühren.
3. Für die Béchamelsauce Butter in einem Topf mit schwerem Boden schmelzen. Mehl hinzufügen und zwei Minuten anschwitzen, ohne dass die Masse Farbe annimmt. Dabei ständig mit einem Schneebesen rühren. Milch nach und nach hinzugießen und kräftig rühren, damit keine Klümpchen entstehen. Topf vom Herd nehmen, sobald die Sauce dicklich wird und zu kochen beginnt. 80 g Cheddar hinzufügen und mit Salz, Pfeffer und Muskatnuss abschmecken.
4. Eier trennen, Eigelbe nach und nach unter die lauwarm abgekühlte Sauce rühren. Nach Belieben nachwürzen.
5. Eiweiß steifschlagen. Etwa ein Drittel davon mit einem Schneebesen unter die Béchamelsauce ziehen und diese dadurch auflockern. Anschließend den restlichen Eischnee vorsichtig mit einem Spatel unterheben. Ein Drittel der Masse auf die Förmchen verteilen. Mit einem Esslöffel in die Mitte jeweils eine Vertiefung drücken und ein Eigelb hineinlegen. Dann die Förmchen bis einen Zentimeter unter den Rand mit der übrigen Masse füllen. Restlichen Cheddar darüberstreuen, je ein Stück Bacon darauflegen und zehn Minuten auf der mittleren Schiene backen.

für 4–6 Portionen · Zubereitung: 30 Min. + 20 Min. Garzeit für die Zwiebeln + 30–40 Min Kochzeit für die Kartoffeln (je nach Größe) · Backen: 35 Min. · 1 Souffléform (19 cm Ø)

TARTIFLETTE

550 g mehligkochende Kartoffeln
3 große Zwiebeln
1 Knoblauchzehe
2 EL Olivenöl
½ TL Zucker
150 g Speck
250 ml Milch
375 g Reblochon (französischer halbfester Kuhmilchkäse aus Savoyen)
1 TL Salz, Menge nach Geschmack
Muskatnuss, frisch gerieben
schwarzer Pfeffer, frisch gemahlen
5 Eier, zimmerwarm

FÜR DIE FORM

35 g weiche Butter
30 g Mehl

1. Den Backofen auf 180 °C vorheizen. Eine Souffléform wie auf Seite 4 beschrieben vorbereiten und kühlstellen.
2. Zunächst das Kartoffelpüree zubereiten: Kartoffeln in Wasser weichkochen. Anschließend das Wasser abgießen, Pellkartoffeln etwas ausdampfen lassen und dann schälen. Kleinschneiden und durch eine Kartoffelpresse drücken.
3. Zwiebeln mit Knoblauch und Zucker wie auf Seite 24 beschrieben zubereiten. Speck in Stifte schneiden, nach etwa zehn Minuten zu den Zwiebeln geben und mitbraten.
4. Kartoffelpüree mit der Milch glattrühren. Reblochon in kleine Stücke schneiden und mit drei Vierteln der Zwiebel-Speck-Masse vorsichtig ins Püree einrühren. Mit Salz, Muskat und Pfeffer abschmecken.
5. Eier trennen, Eigelbe nach und nach unter das lauwarm abgekühlte Püree rühren. Nach Belieben nachwürzen.
6. Eiweiß steifschlagen. Etwa ein Drittel davon mit einem Schneebesen unter das Püree ziehen und dieses dadurch auflockern. Anschließend den restlichen Eischnee vorsichtig mit einem Spatel unterheben. Souffléform bis zu drei Vierteln mit der Masse befüllen und mit der übrigen Zwiebel-Speck-Masse bestreuen. Dabei darauf achten, dass der Rand der Form sauber bleibt. Ungefähr 35 Minuten auf der mittleren Schiene backen.

STAUB

für 4–6 Portionen Zubereitung: 30 Min. + 20 Minuten Garzeit für die Zwiebeln
Backen: 35 Min. 1 Souffléform (19 cm Ø)

ZWIEBELSOUFFLÉ MIT COMTÉ

3 große Zwiebeln
1 Knoblauchzehe
2 EL Olivenöl
½ TL Zucker
70 g Butter, in kleine Stücke geschnitten
60 g Mehl
250 ml Milch
140 g Comté, frisch gerieben
1 TL Salz
schwarzer Pfeffer, frisch gemahlen
Muskatnuss, frisch gerieben
5 Eier, zimmerwarm

FÜR DIE FORM

35 g weiche Butter
30 g Mehl

1. Den Backofen auf 180 °C vorheizen. Eine Souffléform wie auf Seite 4 beschrieben vorbereiten und kühlstellen.
2. Zwiebeln und Knoblauch schälen, Zwiebeln kleinhacken und den Knoblauch durch eine Presse drücken.
3. Olivenöl in einer Pfanne erhitzen und die Zwiebeln darin anbraten. Zucker und Knoblauch hinzufügen und bei milder Hitze 20 Minuten schmoren, bis die Zwiebeln sehr weich und karamellisiert sind. Abkühlen lassen.
4. Für die Béchamelsauce Butter in einem Topf mit schwerem Boden schmelzen. Mehl hinzufügen und zwei Minuten anschwitzen, ohne dass die Masse Farbe annimmt. Dabei ständig mit einem Schneebesen rühren. Milch nach und nach hinzugießen und kräftig rühren, damit keine Klümpchen entstehen. Topf vom Herd nehmen, sobald die Sauce dicklich wird und zu kochen beginnt. 110 g des Comtés und zwei Drittel der Zwiebeln hinzufügen und mit Salz, Pfeffer und Muskat würzen.
5. Eier trennen, Eigelbe nach und nach unter die lauwarm abgekühlte Sauce rühren. Nach Belieben nachwürzen.
6. Eiweiß steifschlagen. Etwa ein Drittel davon mit einem Schneebesen unter die Béchamelsauce ziehen und diese dadurch auflockern. Anschließend den restlichen Eischnee vorsichtig mit einem Spatel unterheben. Souffléform bis zu drei Vierteln mit der Masse befüllen und mit dem restlichen Comté und den übrigen Zwiebeln bestreuen. Dabei darauf achten, dass der Rand der Form sauber bleibt. Ungefähr 35 Minuten auf der mittleren Schiene backen.

für 4–6 Portionen   Zubereitung: 30 Min. + 30–40 Min Kochzeit für die Kartoffeln (je nach Größe)
Backen: 35 Min.   1 Souffléform (19 cm ∅)

KARTOFFELSOUFFLÉ MIT BERGKÄSE

550 g mehligkochende Kartoffeln
150 g Crème fraîche
100 ml Milch
2 Knoblauchzehen
150 g Bergkäse, frisch gerieben
1 TL Salz
schwarzer Pfeffer, frisch gemahlen
Muskatnuss, frisch gerieben
5 Eier + 3 Eiweiß
1 Kartoffel, geschält und in dünne Scheiben gehobelt

FÜR DIE FORM

35 g weiche Butter
30 g Mehl

1. Den Backofen auf 180 °C vorheizen. Eine Souffléform wie auf Seite 4 beschrieben vorbereiten und kühlstellen.
2. Zunächst das Kartoffelpüree zubereiten: Kartoffeln in Wasser weichkochen. Anschließend das Wasser abgießen, Pellkartoffeln etwas ausdampfen lassen und dann schälen. Kleinschneiden und durch eine Kartoffelpresse drücken.
3. Kartoffelpüree mit Crème fraîche und Milch verrühren. Knoblauchzehen schälen, durch eine Presse drücken und mit 120 g des geriebenen Käses dem Püree hinzufügen. Kräftig mit Salz, Pfeffer und Muskat abschmecken.
4. Eier trennen, Eigelbe nach und nach unter das lauwarm abgekühlte Püree rühren. Nach Belieben nachwürzen.
5. Eiweiß steifschlagen. Etwa ein Drittel davon mit einem Schneebesen unter das Püree ziehen und dieses dadurch auflockern. Anschließend den restlichen Eischnee vorsichtig mit einem Spatel unterheben. Souffléform bis zu drei Vierteln mit der Masse befüllen und mit dem restlichen Bergkäse bestreuen. Kartoffelscheiben kreisförmig aufs Soufflé legen. Dabei darauf achten, dass der Rand der Form sauber bleibt. Ungefähr 35 Minuten auf der mittleren Schiene backen.

STAUB
STAUB

für 4–6 Portionen Zubereitung: 30 Min. + 15 Minuten für das Braten der Champignons
Backen: 35 Min. 1 Souffléform (19 cm Ø)

CHAMPIGNONSOUFFLÉ MIT PARMESAN

2 Schalotten
4 EL Olivenöl
500 g weiße Champignons + 2 Champignons für die Garnitur
2 Knoblauchzehen
70 g Butter, in kleine Stücke geschnitten
60 g Mehl
250 ml Milch
90 g Parmesan, frisch gerieben
1 TL Salz
schwarzer Pfeffer, frisch gemahlen
½ Bund glattblättrige Petersilie, gewaschen und trockengeschüttelt
5 Eier, zimmerwarm

FÜR DIE FORM

35 g weiche Butter
30 g Mehl

1. Den Backofen auf 180 °C vorheizen. Eine Souffléform wie auf Seite 4 beschrieben vorbereiten und kühlstellen.
2. Schalotten schälen, kleinhacken und in einer Pfanne in heißem Olivenöl anbraten. Champignons putzen und in kleine Stücke schneiden. Knoblauch schälen und durch eine Presse drücken. Beides zu den Schalotten geben und solange mitbraten, bis die Flüssigkeit verdunstet ist. Beiseitegestellt abkühlen lassen.
3. Für die Béchamelsauce Butter in einem Topf mit schwerem Boden schmelzen. Mehl hinzufügen und zwei Minuten anschwitzen, ohne dass die Masse Farbe annimmt. Dabei ständig mit einem Schneebesen rühren. Milch nach und nach hinzugießen und kräftig rühren, damit keine Klümpchen entstehen. Topf vom Herd nehmen, sobald die Sauce dicklich wird und zu kochen beginnt. 70 g Parmesan und die abgekühlten Champignons hinzufügen, mit Salz und Pfeffer abschmecken. Petersilie hacken und untermischen.
4. Eier trennen, Eigelbe nach und nach unter die lauwarm abgekühlte Sauce rühren. Nach Belieben nachwürzen.
5. Eiweiß steifschlagen. Etwa ein Drittel davon mit einem Schneebesen unter die Béchamelsauce ziehen und diese dadurch auflockern. Anschließend den restlichen Eischnee vorsichtig mit einem Spatel unterheben. Souffléform bis zu drei Vierteln mit der Masse befüllen und mit dem restlichen Parmesan bestreuen.
6. Beide Champignons putzen, in dünne Scheiben schneiden und auflegen. Den Formrand sauber halten. Ungefähr 35 Minuten auf der mittleren Schiene backen.

für 4–6 Portionen | Zubereitung: 30 Min. | Backen: 35 Min. | 1 Souffléform (19 cm Ø)

KÜRBISSOUFFLÉ MIT SPECK

650 g Kürbis
150 g Speck, in kleine Stifte geschnitten
½ TL Öl
40 g Butter, in kleine Stücke geschnitten
30 g Mehl
150 ml Milch
70 g Käse, frisch gerieben (zum Beispiel Cheddar, Parmesan oder Bergkäse)
1 TL Salz
schwarzer Pfeffer, frisch gemahlen
5 Eier, zimmerwarm

FÜR DIE FORM

35 g weiche Butter
30 g Mehl

1. Den Backofen auf 180 °C vorheizen. Eine Souffléform wie auf Seite 4 beschrieben vorbereiten und kühlstellen.
2. Kürbis je nach Sorte schälen, vom Kerngeflecht befreien und das Kürbisfleisch würfeln. In wenig Salzwasser weich garen. Kochflüssigkeit anderweitig verwenden. Kürbisstücke pürieren und zum Abkühlen beiseitestellen.
3. Speckstifte in heißem Öl knusprig anbraten und abtropfen lassen.
4. Für die Béchamelsauce Butter in einem Topf mit schwerem Boden schmelzen. Mehl hinzufügen und zwei Minuten anschwitzen, ohne dass die Masse Farbe annimmt. Dabei ständig mit einem Schneebesen rühren. Milch nach und nach hinzugießen und kräftig rühren, damit keine Klümpchen entstehen. Topf vom Herd nehmen, sobald die Sauce dicklich wird und zu kochen beginnt. Anschließend zuerst 50 g geriebenen Käse, dann 400 g abgekühltes Kürbispüree untermischen (Rest beispielsweise mit der Kochflüssigkeit für eine Suppe verwenden). Drei Viertel vom gebratenen Speck hinzufügen und mit Salz und Pfeffer abschmecken.
5. Eier trennen, Eigelbe nach und nach unterrühren, sobald die Sauce abgekühlt ist. Nach Belieben nachwürzen.
6. Eiweiß steifschlagen. Etwa ein Drittel davon mit einem Schneebesen locker unter die Sauce ziehen, restlichen Eischnee vorsichtig mit einem Spatel unterheben. Souffléform bis zu drei Vierteln mit der Masse befüllen und mit dem restlichen Käse und Speck bestreuen. Darauf achten, dass der Formrand sauber bleibt. Ungefähr 35 Minuten auf der mittleren Schiene backen.

für 4–6 Portionen · Zubereitung: 30 Min. · Backen: 35 Min. · 1 Soufflèform (19 cm Ø)

RÄUCHERLACHSSOUFFLÉ MIT FRISCHKÄSE

70 g Butter, in kleine Stücke geschnitten
60 g Mehl
250 ml Milch
200 g Frischkäse
1 TL Salz
weißer Pfeffer, frisch gemahlen
5 Eier, zimmerwarm
250 g Räucherlachs ohne Haut, in Scheiben
½ Bund Dill, gewaschen und trockengeschüttelt

FÜR DIE FORM

35 g weiche Butter
30 g Mehl

1. Den Backofen auf 180 °C vorheizen. Eine Souffléform wie auf Seite 4 beschrieben vorbereiten und kühlstellen.
2. Für die Béchamelsauce Butter in einem Topf mit schwerem Boden schmelzen. Mehl hinzufügen und zwei Minuten anschwitzen, ohne dass die Masse Farbe annimmt. Dabei ständig mit einem Schneebesen rühren. Milch nach und nach hinzugießen und kräftig rühren, damit keine Klümpchen entstehen. Topf vom Herd nehmen, sobald die Sauce dicklich wird und zu kochen beginnt. Frischkäse hinzufügen und gut verrühren. Mit Salz und Pfeffer abschmecken.
3. Eier trennen, nach und nach die Eigelbe unterrühren, sobald die Sauce abgekühlt ist. Lachs in Stücke schneiden, Dill ohne die dicken Stängel kleinhacken. Beides zur Sauce geben und nach Belieben nachwürzen.
4. Eiweiß steifschlagen. Etwa ein Drittel davon mit einem Schneebesen unter die Béchamelsauce ziehen und diese dadurch auflockern. Anschließend den restlichen Eischnee vorsichtig mit einem Spatel unterheben. Souffléform bis zu drei Vierteln mit der Masse befüllen und ungefähr 35 Minuten auf der mittleren Schiene backen.

für 4–6 Portionen | Zubereitung: 30 Min. | Backen: 35 Min. | 1 Souffléform (19 cm Ø)

SARDINENSOUFFLÉ MIT KÄSECREME

70 g Butter, in kleine Stücke geschnitten
60 g Mehl
250 ml Milch
200 g Doppelrahm-Frischkäse oder Schmelzkäse
1 TL Salz
weißer Pfeffer, frisch gemahlen
5 Eier, zimmerwarm
7 Sardinen in Öl
1 geh. EL Dijonsenf

FÜR DIE FORM

35 g weiche Butter
30 g Mehl

1. Den Backofen auf 180 °C vorheizen. Eine Souffléform wie auf Seite 4 beschrieben vorbereiten und kühlstellen.
2. Für die Béchamelsauce Butter in einem Topf mit schwerem Boden schmelzen. Mehl hinzufügen und zwei Minuten anschwitzen, ohne dass die Masse Farbe annimmt. Dabei ständig mit einem Schneebesen rühren. Milch nach und nach hinzugießen und kräftig rühren, damit keine Klümpchen entstehen. Topf vom Herd nehmen, sobald die Sauce dicklich wird und zu kochen beginnt. Zwei Drittel des Käses untermischen, mit Salz und Pfeffer abschmecken.
3. Eier trennen, nach und nach die Eigelbe einrühren, sobald die Sauce abgekühlt ist. Sardinen abtropfen lassen, Gräten und Haut entfernen. Sechs Sardinen zerkleinern. Mit dem Senf zur Sauce geben und nach Belieben nachwürzen.
4. Eiweiß steifschlagen. Etwa ein Drittel davon mit einem Schneebesen unter die Béchamelsauce ziehen und diese dadurch auflockern. Anschließend den restlichen Eischnee vorsichtig mit einem Spatel unterheben. Souffléform bis zu drei Vierteln mit der Masse befüllen. Restlichen Käse auf der Masse verteilen, die übrige Sardine zerkleinern und darüberstreuen. Darauf achten, dass der Rand der Form sauber bleibt. Ungefähr 35 Minuten auf der mittleren Schiene backen.

für 4–6 Portionen | Zubereitung: 30 Min. | Backen: 35 Min. | 1 Souffléform (17 cm Ø)

THUNFISCHSOUFFLÉ MIT EMMENTALER

70 g Butter, in kleine Stücke geschnitten
60 g Mehl
250 ml Milch
80 g Emmentaler, frisch gerieben
5 Eier, zimmerwarm
200 g Thunfischfilets in Öl
½ Zitrone, Saft
1 TL Paprikapulver
1 TL Salz
weißer Pfeffer, frisch gemahlen

FÜR DIE FORM

30 g weiche Butter
25 g Mehl

1. Den Backofen auf 180 °C vorheizen. Eine Souffléform wie auf Seite 4 beschrieben vorbereiten und kühlstellen.
2. Für die Béchamelsauce Butter in einem Topf mit schwerem Boden schmelzen. Mehl hinzufügen und zwei Minuten anschwitzen, ohne dass die Masse Farbe annimmt. Dabei ständig mit einem Schneebesen rühren. Milch nach und nach hinzugießen und kräftig rühren, damit keine Klümpchen entstehen. Topf vom Herd nehmen, sobald die Sauce dicklich wird und zu kochen beginnt. 50 g Emmentaler untermischen.
3. Eier trennen, nach und nach die Eigelbe einrühren, sobald die Sauce abgekühlt ist. Thunfisch abtropfen lassen und mit einer Gabel zerkleinern. Zitronensaft und Paprikapulver hinzufügen und beides zur Sauce geben. Mit Salz abschmecken.
4. Eiweiß steifschlagen. Etwa ein Drittel davon mit einem Schneebesen unter die Béchamelsauce ziehen und diese dadurch auflockern. Anschließend den restlichen Eischnee vorsichtig mit einem Spatel unterheben. Souffléform bis zu drei Vierteln mit der Masse befüllen. Mit dem übrigen Emmentaler bestreuen. Darauf achten, dass der Rand der Form sauber bleibt. Ungefähr 35 Minuten auf der mittleren Schiene backen.

für 4–6 Portionen | Zubereitung: 30 Min. | Backen: 35 Min. | 1 Souffléform (17 cm Ø)

KREBS-KOKOS-SOUFFLÉ

70 g Butter, in kleine Stücke geschnitten
60 g Mehl
300 ml Kokosmilch
150 g Krebsfleisch (tiefgefroren oder aus der Dose)
½ TL Zucker
1 EL Currypulver
½ TL Cayennepfeffer
5 Eier, zimmerwarm
½ Bund Koriander, gewaschen und trockengeschüttelt
½ Zitrone, Saft
1 TL Salz

FÜR DIE FORM

30 g weiche Butter
25 g Mehl

1. Den Backofen auf 180 °C vorheizen. Eine Souffléform wie auf Seite 4 beschrieben vorbereiten und kühlstellen.
2. Für die Béchamelsauce Butter in einem Topf mit schwerem Boden schmelzen. Mehl hinzufügen und zwei Minuten anschwitzen, ohne dass die Masse Farbe annimmt. Dabei ständig mit einem Schneebesen rühren. Kokosmilch nach und nach zugießen und kräftig rühren, damit keine Klümpchen entstehen. Topf vom Herd nehmen, sobald die Sauce dicklich wird und zu kochen beginnt. Krebsfleisch abtropfen lassen und zerkleinern. Mit Zucker, Currypulver und Cayennepfeffer würzen. Krabbenfleischmasse unter die Sauce mischen.
3. Eier trennen, nach und nach die Eigelbe einrühren, sobald die Sauce abgekühlt ist. Korianderblättchen hacken und mit dem Zitronensaft hinzufügen. Nach Belieben mit Salz abschmecken.
4. Eiweiß steifschlagen. Etwa ein Drittel davon mit einem Schneebesen unter die Béchamelsauce ziehen und diese dadurch auflockern. Anschließend den restlichen Eischnee vorsichtig mit einem Spatel unterheben. Souffléform bis zu drei Vierteln mit der Masse befüllen und ungefähr 35 Minuten auf der mittleren Schiene backen.

für 4–6 Portionen Zubereitung: 30 Min. + 12 Std. zum Wässern + 20 Minuten Kochzeit für den Stockfisch
Backen: 35 Min. 1 Souffléform (19 cm ∅)

STOCKFISCHSOUFFLÉ MIT KRÄUTERN

500 g Stockfisch*
2 Lorbeerblätter
4 Zweige Thymian
70 g Butter, in kleine Stücke geschnitten
60 g Mehl, 250 ml Milch
3 Knoblauchzehen
5 Eier, zimmerwarm + 1 Eiweiß
½ Bund glattblättrige Petersilie, gewaschen und trockengeschüttelt
etwas Salz
weißer Pfeffer, frisch gemahlen
30 g Parmesan, frisch gerieben

FÜR DIE FORM

35 g weiche Butter
30 g Mehl

** Stockfisch ist an der Luft getrockneter, ungesalzener Fisch (meist Kabeljau). Klippfisch wird vor dem Trocknen gesalzen; diesen vor der Zubereitung drei bis vier Mal frisch wässern, bis das Wasser nur noch wenig salzig schmeckt.*

1. Stockfisch mindestens zwölf Stunden, am besten über Nacht wässern (bei Bedarf das Wasser einmal wechseln).
2. Den Backofen auf 180 °C vorheizen. Eine Souffléform wie auf Seite 4 beschrieben vorbereiten und kühlstellen.
3. Stockfisch unter fließendem Wasser abwaschen, trocknen und mit Lorbeerblättern und Thymian in einen großen Topf legen. So viel Wasser zugießen, bis der Fisch ganz bedeckt ist, und langsam zum Kochen bringen, Herd ausschalten. Fisch im Wasser abkühlen lassen, dann zerkleinern und von den Gräten befreien.
4. Für die Béchamelsauce Butter in einem Topf mit schwerem Boden schmelzen. Mehl hinzufügen und zwei Minuten anschwitzen, ohne dass die Masse Farbe annimmt. Dabei ständig mit einem Schneebesen rühren. Milch nach und nach hinzugießen und kräftig rühren, damit keine Klümpchen entstehen. Topf vom Herd nehmen, sobald die Sauce dicklich wird und zu kochen beginnt. Knoblauch schälen und durch eine Presse drücken. Mit dem zerkleinerten Fisch zur Sauce geben.
5. Eier trennen, nach und nach die Eigelbe unter die abgekühlte Sauce rühren. Petersilie hacken, hinzufügen und nach Belieben mit Salz und Pfeffer würzen.
6. Eiweiß steifschlagen. Etwa ein Drittel davon mit einem Schneebesen unter die Béchamelsauce ziehen und diese dadurch auflockern. Anschließend den restlichen Eischnee vorsichtig mit einem Spatel unterheben. Souffléform bis zu drei Vierteln mit der Masse befüllen und den Parmesan darüberstreuen. Darauf achten, dass der Rand der Form sauber bleibt. Ungefähr 35 Minuten backen.

STAUB
STAUB

für 4–6 Portionen Zubereitung: 30 Min. Backen: 35 Min. 1 Souffléform (17 cm ∅)

TARAMASOUFFLÉ

- 2 EL Öl
- 60 g Mehl
- 250 ml Milch, alternativ Gemüsebrühe oder Fischfond
- 5 Eier, zimmerwarm
- 300 g Tarama (würzige mediterrane Creme aus gesalzenem Fischrogen)
- ½ Bund Dill, gewaschen und trockengeschüttelt
- ½–1 TL Salz
- ½ TL weißer Pfeffer, frisch gemahlen

FÜR DIE FORM

- 30 g weiche Butter
- 25 g Mehl

1. Den Backofen auf 180 °C vorheizen. Eine Souffléform wie auf Seite 4 beschrieben vorbereiten und kühlstellen.
2. Für die Béchamelsauce Butter in einem Topf mit schwerem Boden schmelzen. Mehl hinzufügen und zwei Minuten anschwitzen, ohne dass die Masse Farbe annimmt. Dabei ständig mit einem Schneebesen rühren. Milch nach und nach hinzugießen und kräftig rühren, damit keine Klümpchen entstehen. Topf vom Herd nehmen, sobald die Sauce dicklich wird und zu kochen beginnt.
3. Sauce abkühlen lassen. Eier trennen, nach und nach die Eigelbe und anschließend das Tarama unterrühren. Dillgrün ohne Stängel fein hacken. Mit der Sauce vermischen und nach Belieben würzen.
4. Eiweiß steifschlagen. Etwa ein Drittel davon mit einem Schneebesen unter die Béchamelsauce ziehen und diese dadurch auflockern. Anschließend den restlichen Eischnee vorsichtig mit einem Spatel unterheben. Souffléform bis zu drei Vierteln mit der Masse befüllen und ungefähr 35 Minuten auf der mittleren Schiene backen.

für 4–6 Portionen   Zubereitung: 15 Min.   Backen: 25 Min.   1 Souffléform (15 cm Ø)

GRAND-MARNIER-SOUFFLÉ

4 Eigelbe
40 g Zucker
20 g Speisestärke
4 EL Grand Marnier
1 unbehandelte Bio-Orange, abgeriebene Schale
6 Eiweiß

FÜR DIE FORM

25 g weiche Butter
20 g Zucker

1. Den Backofen auf 190 °C vorheizen. Eine Souffléform wie auf Seite 4 beschrieben vorbereiten und kühlstellen.
2. Eigelbe mit 10 g Zucker hell und schaumig rühren. Speisestärke mit Grand Marnier und Orangenschalenabrieb hinzufügen.
3. Eiweiß mit dem restlichen Zucker steifschlagen. Etwa ein Drittel davon mit einem Schneebesen unter die Eigelb-Zucker-Masse ziehen und diese dadurch auflockern. Anschließend den restlichen Eischnee vorsichtig mit einem Spatel unterheben. Souffléform bis zu drei Vierteln mit der Masse befüllen und ungefähr 25 Minuten auf der mittleren Schiene backen. Wenn die Oberfläche des Soufflés zu schnell braun wird, die Temperatur auf 175–180 °C reduzieren.

für 6 Portionen · Zubereitung: 25 Min. · Backen: 25 Min. + 10 Min. Kochzeit für die Konditorcreme · 1 Souffléform (15 cm ∅)

SCHOKOLADENSOUFFLÉ

120 g dunkle Schokolade, gehackt
90 g Milchschokolade, gehackt
2 Eigelbe
10 g Speisestärke
200 ml Milch
6 Eiweiß

FÜR DIE FORM

25 g weiche Butter
20 g brauner oder weißer Zucker

1. Den Backofen auf 190 °C vorheizen. Eine Souffléform wie auf Seite 4 beschrieben vorbereiten und kühlstellen.
2. Beide Schokoladensorten zusammen über dem heißen Wasserbad schmelzen.
3. Für die Konditorcreme Eigelbe mit Speisestärke verquirlen. Milch aufkochen und über die Eigelbmasse gießen. Diese Mischung in einen Topf mit schwerem Boden geben und unter ständigem Rühren dicklich einkochen. Topf sofort vom Herd nehmen, geschmolzene Schokolade durch ein Sieb hinzugießen und alles gut vermischen. Falls die Masse körnig ist, kurz mit einem Pürierstab aufmixen.
4. Creme etwas abkühlen lassen, Eiweiß steifschlagen und mit einem Spatel vorsichtig unterheben. Souffléform zu drei Vierteln befüllen und für ein im Inneren cremiges Soufflé ungefähr 20 Minuten auf der mittleren Schiene backen, für ein festeres Soufflé bis zu 25 Minuten einplanen.

HINWEIS

Dieses Rezept enthält keinen zusätzlichen Zucker, weil das Soufflé bereits durch den Zucker der Milchschokolade gesüßt und die Form mit Zucker ausgestreut wird. Je nach Geschmack kann noch 20 g brauner Zucker zum Eiweiß gegeben werden, bevor man es steifschlägt.

TIPP

210 g dunkle Schokolade verwenden und die Milchschokolade dafür weglassen. Den Eischnee dann mit 20–40 g braunem Zucker süßen.

für 6 Portionen   Zubereitung: 35 Min.   Backen: 25 Min. + 10 Min. Kochzeit für die Konditorcreme   1 Souffléform (19 cm Ø)

VANILLESOUFFLÉ

5 Eigelbe
60 g Zucker
2 Vanillestangen
40 g Speisestärke
400 ml Milch
6 Eiweiß

FÜR DIE FORM

35 g weiche Butter
30 g brauner oder weißer Zucker

1. Den Backofen auf 190 °C vorheizen. Eine Souffléform wie auf Seite 4 beschrieben vorbereiten und kühlstellen.
2. Für die Konditorcreme Eigelbe mit der Hälfte des Zuckers hell und schaumig rühren. Die Vanillestangen längs halbieren, das Mark herauskratzen und mit der Speisestärke in die Eigelb-Zucker-Masse geben. Milch aufkochen und unter die Masse rühren.
3. Mischung in einen Topf mit schwerem Boden gießen und unter ständigem Rühren dicklich einkochen, eine Minute kochen lassen. Sofort in eine Schale umfüllen und mit Frischhaltefolie abdecken, damit sich keine Haut bildet. Vollständig abkühlen lassen und anschließend mit einem Schneebesen oder Pürierstab glattrühren.
4. Eiweiß mit dem übrigen Zucker steifschlagen. Eischnee vorsichtig mit einem Spatel unter die Konditorcreme heben. Souffléform zu drei Vierteln mit der Masse befüllen und ungefähr 25 Minuten auf der mittleren Schiene backen. Wenn die Oberfläche des Soufflés zu schnell braun wird, die Temperatur auf 175–180 °C reduzieren.

HINWEIS

Konditorcreme am besten am Vorabend zubereiten und über Nacht in den Kühlschrank stellen.

15

für 4–6 Portionen | Zubereitung: 25 Min. | Backen: 25 Min. | 1 Souffléform (15 cm ∅)

KARAMELLSOUFFLÉ MIT GESALZENER BUTTER

200 g Zucker
200 ml Sahne
100 g gesalzene Butter
2 Eigelbe
15 g Speisestärke
5 Eiweiß

FÜR DIE FORM

25 g weiche Butter
20 g Zucker

1. Den Backofen auf 190 °C vorheizen. Eine Souffléform wie auf Seite 4 beschrieben vorbereiten und kühlstellen.
2. Zunächst eine Karamellsauce herstellen: Zucker mit einem Esslöffel Wasser in einem Topf mit dickem Boden erwärmen. Herd ausschalten, sobald sich der Zucker aufgelöst und die Mischung eine bräunliche Farbe angenommen hat. Einen Esslöffel Sahne unterrühren. Dadurch schäumt der Karamell auf. Weiterrühren, bis die Masse wieder glatt ist. Vorgang wiederholen, bis die ganze Sahne untergerührt ist. Dabei immer nur eine geringe Menge Sahne auf einmal hinzufügen. Zum Schluss die Butter in kleine Stücke schneiden und unterrühren. Den Karamell abkühlen lassen und die Hälfte zum Servieren beiseitestellen.
3. Eigelbe mit Speisestärke verquirlen und zur übrigen Karamellsauce hinzufügen. Eiweiß steif schlagen. Eischnee mit einem Spatel vorsichtig unter diese Karamellmasse heben.
4. Souffléform bis zu drei Vierteln mit der Masse befüllen und etwa 25 Minuten auf der mittleren Schiene backen. Wenn die Oberfläche des Soufflés zu schnell braun wird, die Temperatur auf 175–180 °C reduzieren. Mit der beiseitegestellten Karamellsauce servieren.

für 6 Portionen | Zubereitung: 15 Min. | Backen: 25 Min. | 1 Souffléform (17 cm Ø)

ESSKASTANIENSOUFFLÉ MIT WHISKY

2 Eigelbe
15 g Speisestärke
30 ml Whisky
300 g gesüßte Esskastaniencreme*
5 Eiweiß
20 g brauner Zucker

FÜR DIE FORM

30 g weiche Butter
25 g brauner Zucker

** vor allem französische oder italienische Produkte: Crème de marrons, Crema di Marroni oder Confiture de Chataignes, erhältlich im gut sortierten Supermarkt oder in der Feinkostabteilung*

1. Den Backofen auf 190 °C vorheizen. Eine Souffléform wie auf Seite 4 beschrieben vorbereiten und kühlstellen.
2. Eigelbe mit der Speisestärke verquirlen. Zuerst den Whisky, dann die Esskastaniencreme unterrühren.
3. Eiweiß mit dem braunen Zucker steifschlagen. Eischnee vorsichtig mit einem Spatel unter die Creme heben. Souffléform bis zu drei Vierteln mit der Masse befüllen und ungefähr 25 Minuten auf der mittleren Schiene backen. Wenn die Oberfläche des Soufflés zu schnell braun wird, die Temperatur auf 175–180 °C reduzieren.

TIPPS

Ungezuckerte Sahne steifschlagen und etwas Esskastaniencreme unterrühren. Zum Soufflé reichen.

Statt Whisky schmeckt auch Cognac gut in diesem Soufflé.

für 6 Portionen | Zubereitung: 15 Min. | Backen: 25 Min. | 1 Souffléform (17 cm Ø)

NUSSNOUGATSOUFFLÉ

250 g Nussnougatcreme oder Schokoladenbrotaufstrich
3 Eigelbe
15 g Speisestärke
6 Eiweiß
15 g Zucker
1 Handvoll Haselnüsse, gehackt

FÜR DIE FORM

30 g weiche Butter
25 g Zucker

1. Den Backofen auf 180 °C vorheizen. Eine Souffléform wie auf Seite 4 beschrieben vorbereiten und kühlstellen.
2. Nussnougatcreme über dem heißen Wasserbad schmelzen. Eigelbe mit der Speisestärke verquirlen, anschließend in die flüssige Creme einrühren.
3. Eiweiß mit Zucker steifschlagen und ein Drittel mit einem Schneebesen unter die Eigelbmasse ziehen und diese dadurch auflockern. Anschließend den restlichen Eischnee vorsichtig mit einem Spatel unterheben. Souffléform bis zu drei Vierteln mit der Masse befüllen und mit gehackten Haselnüssen bestreuen. Dabei darauf achten, dass der Rand der Form sauber bleibt. Ungefähr 25 Minuten auf der mittleren Schiene backen.

für 6 Portionen · Zubereitung: 15 Min. · Backen: 25 Min. · 1 Souffléform (17 cm Ø)

ERDNUSSBUTTERSOUFFLÉ MIT SCHOKOTROPFEN

200 g Erdnussbutter
3 Eigelbe
6 Eiweiß
30 g Zucker
80 g kleine dunkle Schokoladen- oder Kuvertüretropfen

FÜR DIE FORM

30 g weiche Butter
25 g Zucker

1. Den Backofen auf 180 °C vorheizen. Eine Souffléform wie auf Seite 4 beschrieben vorbereiten und kühlstellen.
2. Falls die Erdnussbutter zu fest ist, kurz über dem heißen Wasserbad erwärmen. Dann mit den Eigelben glattrühren.
3. Eiweiß mit dem Zucker steifschlagen. Etwa ein Drittel des Eischnees mit einem Schneebesen unter die Erdnussbutter-Masse ziehen und diese dadurch auflockern. Anschließend den restlichen Eischnee vorsichtig mit einem Spatel unterheben. Die Hälfte der Schokoladentropfen untermischen.
4. Souffléform bis zu drei Vierteln mit der Masse befüllen und mit den restlichen Schokoladentroppfen bestreuen. Darauf achten, dass der Rand der Form sauber bleibt. Ungefähr 25 Minuten auf der mittleren Schiene backen.

für 4–6 Portionen   Zubereitung: 20 Min.   Backen: 20 Min.   1 Souffléform (17 cm ∅)

VANILLESOUFFLÉ MIT SCHOKOKARAMELLSAUCE

4 Eigelbe
30 g Zucker
1 Vanillestange
20 g Speisestärke
6 Eiweiß

KARAMELLSAUCE

200 ml Sahne
200 g weiche Schokoladen-Toffees

FÜR DIE FORM

30 g weiche Butter
25 g Zucker

1. Den Backofen auf 190 °C vorheizen. Eine Souffléform wie auf Seite 4 beschrieben vorbereiten und kühlstellen.
2. Eigelbe mit 15 g Zucker hell und schaumig rühren. Vanillestange längs aufschneiden, das Mark auskratzen und mit der Speisestärke unter die Eigelb-Zucker-Masse rühren.
3. Eiweiß mit dem restlichen Zucker steifschlagen. Ein Drittel des Eischnees mit einem Schneebesen unter die Eigelb-Zucker-Masse ziehen und diese dadurch auflockern. Anschließend den restlichen Eischnee vorsichtig mit einem Spatel unterheben. Die Masse sollte sehr locker und baiserartig sein.
4. Souffléform bis zu drei Vierteln mit der Masse befüllen und etwa 20 Minuten auf der mittleren Schiene backen. Wenn die Oberfläche des Soufflés zu schnell braun wird, die Temperatur auf 175–180 °C reduzieren.
5. Für die Sauce die Sahne in einem Topf erwärmen und die Toffees darin auflösen. Dabei ständig rühren, damit die Bonbons nicht am Topfboden anbrennen. Das Soufflé sofort nach dem Backen mit der Sauce servieren.

für 6 Portionen   Zubereitung: 35 Min.   Backen: 25 Min. + 10 Min. Kochzeit für die Konditorcreme   1 Souffléform (19 cm Ø)

KIRSCH-PISTAZIEN-SOUFFLÉ

5 Eigelbe
60 g Zucker
1 EL Pistaziencreme*
40 g Speisestärke
400 ml Milch
6 Eiweiß
15 Amarenakirschen oder eingelegte Sauerkirschen ohne Stein

FÜR DIE FORM

35 g weiche Butter
30 g Zucker

** sizilianische Spezialität, in der Feinkostabteilung, im gut sortierten Supermarkt oder im italienischen Lebensmittelhandel erhältlich*

1. Den Backofen auf 190 °C vorheizen. Eine Souffléform wie auf Seite 4 beschrieben vorbereiten und kühlstellen.
2. Für die Konditorcreme Eigelbe mit 30 g Zucker und der Pistaziencreme hell und schaumig rühren. Speisestärke unterziehen. Milch zum Kochen bringen und zur Eigelbmasse gießen. Alles in einen Topf mit schwerem Boden füllen und unter ständigem Rühren aufkochen lassen. Dann noch eine Minute dicklich einkochen. In eine Schüssel füllen und mit Frischhaltefolie abdecken, damit sich keine Haut bildet. Vollständig abkühlen lassen und anschließend mit einem Schneebesen oder Pürierstab glattrühren.
3. Eiweiß mit dem restlichen Zucker steifschlagen. Mit einem Spatel vorsichtig unter die Konditorcreme heben.
4. Souffléform bis zu drei Vierteln mit der Masse befüllen. Kirschen abtropfen lassen und die Hälfte auf das Soufflé legen. Ungefähr 25 Minuten auf der mittleren Schiene backen. Wenn die Oberfläche des Soufflés zu schnell braun wird, die Temperatur auf 175–180 °C reduzieren.
5. Übrige Kirschen nach dem Backen auf dem Soufflé verteilen. Nach Belieben können sie zuvor in Kirschsirup, in dem sie eingelegt waren, getaucht werden.

HINWEIS

Die Konditorcreme am besten am Vorabend zubereiten und kühl aufbewahren.

für 4–6 Portionen | Zubereitung: 15 Min. | Backen: 25 Min. | 1 Souffléform (17 cm Ø)

BANANE-KOKOS-SOUFFLÉ MIT RUM

½ Zitrone, Saft
2 Bananen (ca. 200 g)
20 ml Rum
2 Eigelbe
30 g Kokosraspel
4 Eiweiß
30 g Zucker

FÜR DIE FORM
30 g weiche Butter
25 g Zucker

1. Den Backofen auf 190 °C vorheizen. Eine Souffléform wie auf Seite 4 beschrieben vorbereiten und kühlstellen.
2. Die Hälfte des Zitronensafts mit eineinhalb Bananen und dem Rum pürieren. Eigelbe und 20 g Kokosraspel hinzufügen und alles gut vermischen.
3. Eiweiß mit Zucker steifschlagen und vorsichtig mit einem Spatel unter die Bananenmischung heben. Souffléform zu drei Vierteln mit der Masse befüllen. Die übrige Bananenhälfte in Scheiben schneiden und auf das Soufflé legen. Mit den restlichen Kokosraspeln bestreuen und ungefähr 25 Minuten auf der mittleren Schiene backen. Wenn die Oberfläche des Soufflés zu schnell braun wird, die Temperatur auf 175–180 °C reduzieren.

für 4–6 Portionen | Zubereitung: 15 Min. | Backen: 25 Min. | 1 Souffléform (15 cm Ø)

PASSIONSFRUCHTSOUFFLÉ

3 Eigelbe
15 g Speisestärke
300 g Passionsfruchtpüree (oder Mangopüree oder das Püree einer anderen exotischen Frucht)
6 Eiweiß
30 g Zucker
3 Passionsfrüchte

FÜR DIE FORM
25 g weiche Butter
20 g Zucker

1. Den Backofen auf 180 °C vorheizen. Eine Souffléform wie auf Seite 4 beschrieben vorbereiten und kühlstellen.
2. Eigelbe und Speisestärke mit 100 g Fruchtpüree verquirlen.
3. Eiweiß mit Zucker steifschlagen und mit einem Spatel vorsichtig unter die Fruchtmasse heben.
4. Souffléform so bis zum Rand mit der Masse befüllen, dass die Oberfläche kuppelartig gewölbt ist. Diese mit einem Löffelrücken kreisförmig glattstreichen. Ungefähr 25 Minuten auf der mittleren Schiene backen. Wenn die Oberfläche des Soufflés zu schnell braun wird, die Temperatur auf 170 °C reduzieren.
5. In der Zwischenzeit Passionsfrüchte aufschneiden und das Fruchtfleisch herauslösen. Mit dem restlichen Fruchtpüree vermischen und über das fertige Soufflé träufeln.

für 4–6 Portionen | Zubereitung: 20 Min. | Backen: 20 Min. | 1 Souffléform (15 cm Ø)

HIMBEERSOUFFLÉ MIT WEIßER SCHOKOLADE

200 g weiße Schokolade
150 ml Sahne
1 unbehandelte Bio-Zitrone, abgeriebene Schale
6 Eiweiß
30 g Zucker
125 g Himbeeren
200 g Himbeerpüree oder frisches Himbeercoulis

FÜR DIE FORM

25 g weiche Butter
20 g Zucker

1. Den Backofen auf 180 °C vorheizen. Eine Souffléform wie auf Seite 4 beschrieben vorbereiten und kühlstellen.
2. Weiße Schokolade über dem heißen Wasserbad schmelzen. Sahne aufkochen und zur Schokolade gießen. Mit einem Schneebesen verrühren, bis eine glatte Ganache entsteht. Dann den Zitronenschalenabrieb hinzufügen und akühlen lassen.
3. Eiweiß mit Zucker steifschlagen und mit einem Spatel vorsichtig unter die Ganache heben.
4. Ungefähr die Hälfte der Masse in eine Souffléform füllen, die Hälfte der Himbeeren daraufgeben und die Form mit der übrigen Masse so bis zum Rand befüllen, dass die Oberfläche kuppelartig gewölbt ist. Mit den restlichen Himbeeren bestreuen. Ungefähr 20 Minuten auf der mittleren Schiene backen. Wenn die Oberfläche des Soufflés zu schnell braun wird, die Temperatur auf 170 °C reduzieren. Mit dem Himbeerpüree servieren.

für 6 Portionen · Zubereitung: 35 Min. + 15 Min. Kochzeit für den Sirup · Gefrieren: 4 Std. · 6 Souffléförmchen (8 cm Ø)

GEEISTES ZITRONENSOUFFLÉ

5 Eier
100 g Zucker
100 ml Zitronensaft
1 unbehandelte Bio-Zitrone, abgeriebene Schale
400 ml Sahne
30 g Puderzucker

FÜR DEN SIRUP

2 unbehandelte Bio-Zitronen
90 g Zucker
150 ml Wasser

1. Für sechs kleine Souffléförmchen Papiermanschetten vorbereiten, die etwa 5 cm über den Formrand hinausragen. Manschetten um die Förmchen legen und mit einem Gummiband oder Klebestreifen fixieren.
2. Eier trennen und Eigelbe mit Zucker über dem heißen Wasserbad aufschlagen. Wenn die Masse cremig und lauwarm ist, Zitronensaft und -schalenabrieb hinzufügen, dann die Schüssel beiseitestellen.
3. Eiweiß steifschlagen und vorsichtig unter die Eigelbmasse heben. Sahne mit durchgesiebtem Puderzucker steifschlagen und mit einem Spatel unter die Eiermasse heben. Creme in einen Spritzbeutel füllen und bis zum oberen Rand der Papiermanschetten in die Formen spritzen. Sofort ins Tiefkühlfach stellen und mindestens vier Stunden gefrieren lassen.
4. Für den Sirup eine Zitrone mit der Schale in dünne Scheiben schneiden, die andere Zitrone auspressen. Zitronensaft mit Zucker und Wasser in einem Topf mit schwerem Boden verrühren. Zum Kochen bringen, Hitze reduzieren und Zitronenscheiben hinzufügen. Bei schwacher Hitzezufuhr sirupartig einkochen, dann abkühlen lassen.
5. Fertige Soufflés mit dem Sirup beträufeln und mit je einer Zitronenscheibe garnieren.

AVOCADO-VANILLE-SOUFFLÉ MIT FLÜSSIGEM SCHOKOKERN

2 Vanillestangen
2 reife Avodacos
4 Eiweiß
90 g Zucker
6 Stücke dunkle Schokolade

FÜR DIE FÖRMCHEN
40 g weiche Butter
40 g Zucker

1. Den Backofen auf 180 °C vorheizen. Sechs kleine Souffléförmchen wie auf Seite 4 beschrieben vorbereiten und kühlstellen.
2. Vanillestangen längs halbieren, das Mark herauskratzen. Avocados halbieren und jeweils den Kern entfernen. Fruchtfleisch aus der Schale lösen und mit dem Vanillemark pürieren.
3. Eiweiß steifschlagen, nach und nach den Zucker hinzufügen. Den Eischnee mit einem Spatel vorsichtig unter die Avocadomasse heben.
4. Souffléförmchen zu drei Vierteln befüllen und in die Mitte jeweils ein Stück Schokolade hineinstecken. Ungefähr zwölf Minuten auf der mittleren Schiene backen.

DANKSAGUNG

Danke an Rosemarie und Pauline vom Marabout-Team, ebenso an Audrey.

Danke auch an David Gourmish, der schneller schießt als sein Schatten.

IMPRESSUM

Die französische Originalausgabe erschien 2015 unter dem Titel »Le soufflé – fromage, Grand-Marnier, vanille …« bei Hachette Livre – Marabout.

www.haedecke-verlag.de

4 3 2 1 | 2018 2017 2016

Fotos: **David Japy** Übersetzung aus dem Französischen: **Dr. Katrin Korch**

Lektorat der deutschen Ausgabe: **Johanna Gaebel** Schlussredaktion: **nvsg**

Gestaltung der deutschen Ausgabe: **Julia Graff, Hädecke Verlag** unter Verwendung der Vista Sans (Emigre / Xavier Dupré), Core Circus (S-Core) und der Amarelinha (PintassilgoPrints)

ISBN 978-3-7750-0751-1 Printed in Spain 2016

ABKÜRZUNGEN UND HINWEISE ZU DEN REZEPTEN

Die Temperaturangaben dieses Buches sind in °C (Grad Celsius) angegeben. Bei der Zubereitung im Backofen ist die Temperatur eines Elektroherds mit Umluft gemeint. Bei Backöfen mit normaler Ober- und Unterhitze kann sich die Backzeit bei pikanten Soufflés etwas verlängern, für Gasherde beachten Sie bitte die Angaben des Geräteherstellers. Falls die Oberfläche zu dunkel wird, das Soufflé entsprechend abdecken. Die in den Rezepten angegebenen Zubereitungszeiten sind Circaangaben. Die Löffelangaben beziehen sich, soweit nicht anders vermerkt, immer auf das gestrichene Maß.

TL → Teelöffel ★ **EL** → Esslöffel ★ **geh.** → gehäuft ★ **ml** → Milliliter (1/1000 Liter)

g → Gramm ★ **cm** → Zentimeter ★ **Ø** → Durchmesser ★ **°C** → Grad Celsius ★ **Min.** → Minute/n ★ **Std.** → Stunde/n